Liebe kleine und große Leserinnen und Leser,

Fußball ist ein Ort der Begegnung. Er steht für Freundschaft und Spaß. Das wissen Kleine wie Große, hier und überall auf der Welt. Und so geht es auch Alva und ihren Freunden: Sie jubeln ihren Heldinnen und Helden vor dem Bildschirm zu, erleben die fantastische Atmosphäre im Stadion und spielen gemeinsam in einem Team. Als Alvas Integrität auf die Probe gestellt wird, muss sie sich für ihre Überzeugungen starkmachen.

Alvas kindliche Unvoreingenommenheit und ihre Offenheit sollten uns allen Vorbild sein, unser Umfeld aktiv mitzugestalten und Grenzen zu überwinden. Genau wie Robby Hunke, der nicht nur ein hervorragender Fußballkommentator, sondern auch ein liebender Vater ist. Aus der gemeinsamen Leidenschaft, die ihn und seine Tochter verbindet, ist eine sehr authentische Geschichte entstanden.

Eine Geschichte mit einer allzeit gültigen Message:
Fußball ist für alle da.

Eure Bibiana Steinhaus-Webb

Danke für die Inspiration, Peter Bock!

Robby

Edel Kids Books
Ein Verlag der Edel Verlagsgruppe GmbH

www.edel.com
1. Auflage 2022

Die Illustrationen zu diesem Werk wurden vermittelt durch Paula Peretti Literarische Agentur, Köln.
Text: Robby Hunke
Umschlag- und Innenillustrationen: Katja Wehner
Lektorat und Projektkoordination: Johanna Abend
Layout und Satz: Janina Michna, designGUT Grafikdesign
Herstellung: Frank Jansen
Druck und Bindung: optimal media GmbH, Röbel/Müritz
Printed in Germany

ISBN 978-3-96129-277-6

Robby Hunke • Katja Wehner

Team Alva

FUSSBALL IST FÜR ALLE DA

EDEL KIDS BOOKS

„Alva, aufstehen!"

Gerade schießt Alva einen Wahnsinns-Elfmeter!

Der Ball saust auf das Tor zu und …

„Knallva! Aufwachen!"

Alva gähnt und reckt sich.

Das ist Papa. Der gibt ihr immer so lustige Spitznamen.

„Hast du was Schönes geträumt, Alvalein?"

„Oh ja! Vom Fußballspiel gestern …"

LONDON

Gestern Abend durfte Alva aufbleiben, um ein Fußballspiel im Fernsehen zu gucken. Eins, bei dem ihr Papa zu hören war. Gemeinsam mit Laurella Langohr hat sie es sich mit Pizza auf dem Sofa gemütlich gemacht. Laurella passt immer auf Alva auf, wenn ihr Papa unterwegs ist. Alvas Papa arbeitet als Fußballkommentator und reist dafür um die ganze Welt. Von der hohen Stadiontribüne aus beobachtet er das Spiel und erklärt allen, was dort passiert. Das kann er so gut, weil er eine Menge über die Regeln und die Fußballmannschaften weiß.

Warum gibt Rhinoldo denn den Ball nicht ab?
Hervorragend angetäuscht von Leguanowski!
Tooor! Tooor! Tooor!
Die Rote Karte hat Gorilletzka sich aber verdient.

Alva ist auch
ein richtiger Fußballfan,
genau wie ihr Papa.
Mit ihren Freunden Arto Alpaka und
Kizi Wildkatz tauscht sie immer die Sammelbilder für ihr Fußballalbum. Da sind alle
Mannschaften der 1. Tierischen Fußballliga drin.

„Ich hab Kingsley Kuhmann doppelt. Wer will den?"

„Ich! Ich geb dir dafür Anton Stachel oder Felicitas Fauch."

„Hat jemand Linda Dalmatiner?"

„Nö, aber Kevin Krabb!"

Oft spielen sie auch mit anderen Kindern aus der Nachbarschaft Fußball auf dem kleinen Bolzplatz. Felix Fuchs ist der beste Spieler von ihnen und manchmal ganz schön streng, was die Regeln angeht. Meistens kickt Alva mit – und manchmal sitzt sie am Spielfeldrand und kommentiert mit lauter Stimme das Spiel. Genau wie ihr Papa.

Als Alva und ihre Freunde heute Fußball spielen,
haben sie auf einmal Zuschauer.
Diese Kinder hat Alva noch nie zuvor gesehen.
„Seid ihr neu hier?", fragt Kizi Wildkatz.
Die drei nicken.
„Wollt ihr mitspielen?"
Die drei wollen.

Aber sie sind ganz schön ungeschickt mit dem Fußball.

Sie kennen die Fußballregeln nicht.

Und sie sind nicht ganz bei der Sache.

Irgendwann hat Felix Fuchs die Nase voll.

„Ihr könnt ja gar nichts! Habt ihr etwa noch nie Fußball gespielt? So könnt ihr bei uns nicht mitmachen! Fußball ist nichts für euch!"

Alva, Kizi, Arto und Benny zucken mit den Schultern. Eigentlich hat Felix ja recht. Die Pinguine spielen wirklich nicht besonders gut.

Die drei Neuen lassen die Köpfe hängen und watscheln enttäuscht davon. Alva sieht ihnen hinterher. Sie fühlt sich überhaupt nicht gut.
„Komm, Alva, lass uns weiterspielen!", ruft Arto.
Alva ist jetzt so in Gedanken, dass sie eine tolle Torvorlage von Kizi völlig versemmelt. Heute macht ihr Fußball irgendwie keinen Spaß mehr.

Auch zu Hause gehen ihr die drei neuen Kinder nicht aus dem Kopf.
Wie traurig sie aussahen.
Aber Felix hatte doch recht, oder? Sie konnten einfach kein Fußball spielen.
Irgendwas fühlt sich trotzdem falsch an der Sache an.
Alva ist so nachdenklich, dass ihr ihre Lieblingspizza fast gar nicht schmeckt.
„Ist alles in Ordnung, Alvons?"
Doch heute kann Alva über den neuen Spitznamen nicht lachen. Nicht mal grinsen.
„Ich weiß nicht", meint Alva ernst. „Ich muss noch darüber nachdenken."

„Freust du dich denn auf morgen?",
fragt Papa, als er sie ins Bett bringt.
„Was ist denn morgen?", will Alva wissen.
„Na, morgen ist doch der große Alva-begleitet-Papa-zur-Arbeit-Tag!
Du kommst mit ins Stadion, wenn ich dort das Spiel zwischen Wolfsburg
und Schafe 04 kommentiere."
Stimmt! Das hat Alva ja völlig vergessen!

Im Stadion ist eine Menge los. Schon vor dem Spiel wird laut gesungen, gerufen und geklatscht. Alva darf bei Papa an seinem Arbeitsplatz sitzen. Ganz hoch oben.

Gespannt beobachtet sie, wie Schiedsrichterin Bibiana Biber das Spiel anpfeift. Schon bald fällt das erste Tor, und die Fans vom FC Schafe 04 machen einen tierischen Lärm.

S04
S04
S04
W

Alva fällt auf, wie unheimlich verschieden die Fußballfans sind:
Manche sind sehr groß, andere sehr klein.
Sie sind alt oder jung oder irgendwas dazwischen.
Die einen haben Federn, die anderen Schuppen, dicke Haut oder Fell.
Sie krähen, brüllen, bellen, kreischen, blöken, wiehern, zwitschern und fauchen.
Und trotzdem jubeln sie alle zusammen für ihre Mannschaft.

Nach dem Spiel fragt Alva ihren Papa, wie das sein kann, dass beim Fußball so viele ganz unterschiedliche Tiere dabei sind.

„Fußball ist eben für alle da", antwortet er. „Man kann es mit allen teilen, egal, wer sie sind oder woher sie kommen. Das ist das Schöne daran."

Alva lächelt. Das gefällt ihr.

Am nächsten Tag läuft Alva gut gelaunt zum Bolzplatz.
Sie will den anderen von ihrem Besuch im Stadion erzählen und
den neuen Ball zeigen, den sie dort bekommen hat.
Auf dem Weg sieht sie die drei neuen Kinder.
Alva bleibt stehen.
Auf einmal weiß sie, was sie machen muss!

„Wollt ihr immer noch Fußball spielen?", fragt sie.

Die drei sehen sie überrascht an. Der Größte von ihnen nickt zaghaft.

Alva lächelt.

„Soll ich euch zeigen, wie es geht?"

Zuerst übt Alva mit den neuen Kindern das Schießen.

Dann zeigt sie ihnen,
wie man dribbelt.

Und sie erklärt die Fußballregeln.

Die drei sind zwar noch etwas tollpatschig und verstehen auch nicht alles, aber sie geben sich Mühe. Alva freut sich jedes Mal mit ihnen, wenn etwas gelingt. Das macht richtig Spaß!
Irgendwann tauchen Arto, Kizi und Benny auf.
„Was macht ihr denn da?", fragt Arto überrascht.
„Ich bringe den neuen Kindern Fußball bei", sagt Alva.
„Macht doch auch mit!"

Felix Fuchs passt das gar nicht.
„Ich dachte, wir spielen hier vernünftig Fußball!
Die Nichtskönner sollen von unserem Bolzplatz verschwinden!"
Alva schüttelt den Kopf. Auf einmal fühlt sie sich
ganz stark und mutig. Vielleicht, weil sie das Gefühl hat,
genau das Richtige zu machen.

„Das kannst du nicht einfach entscheiden, Felix", meint sie.
„Der Bolzplatz gehört dir nicht. Und das Fußballspiel auch nicht.
Fußball ist für alle da!"
„Dann spielt doch ohne mich", brummt Felix beleidigt und dreht sich um.
„Wie du willst!", ruft Alva ihm hinterher.
Dann spielen sie eben ohne ihn.

Doch da schießt der kleinste Pinguin den Ball in hohem Bogen …

... genau vor Felix' Füße.
Felix überlegt. Er schaut zu Alva, und die lächelt ihm zu.
Dann holt er ganz viel Schwung und schießt den Ball zurück aufs Feld.
„Der Schuss war nicht schlecht! Aber wenn ihr es so macht wie ich, fliegt der Ball noch viel weiter. Ich zeig's euch!", ruft Felix und läuft dem Ball hinterher.

Den ganzen Nachmittag lang spielen und üben sie zusammen. Mit viel Geschrei und Gelächter. Alva grinst zufrieden. Ihr Papa hat recht: Fußball ist eben wirklich für alle da.